JN289703

干し柿
ほ　　がき

西村 豊　写真・文

しぶ柿を知っていますか？
見ためは、くだものやさんで見かける
あま柿と同じですが、
味は、まるでちがいます。
これは、しぶ柿の木です。
こんなにたくさんの実がなっていても、
そのままでは、おいしくありません。

春、柿の木に小さな白い花が
緑のがくのあいだにかくれて、そっとさきました。
その花のつけねがふくらみ、ゆっくりと大きくなって、
秋になるころには、きれいな柿色に変わっていきます。
あま柿も、しぶ柿と同じです。
だって、もともと同じしゅるいの木なのですから。
でも、山の上のほうに生えている柿は、
たいていしぶくなってしまいます。
山の上は、寒いからです。

そこで、昔の人は
しぶい柿を、あまくて
おいしい柿にすることを
思いつきました。
それは、干すという
かんたんなやりかたです。

干し柿を作るには、まず、柿の皮をむきます。
きかいではなく、ひとつひとつ手でむいていくのです。
なれると、そのほうが早いし、
できあがりの形がきれいだからです。

つぎに、皮をむいた柿を
なわでつないでいきます。
おばあちゃんは、
干し柿作りの名人です。
子どものころから、毎年秋になると
こうして干し柿を作ってきたのです。
しゅる、しゅる、わらをよって
なわを作り、柿のへたにむすびます。
「わたしが、小さかったときにはね、
　ケーキもチョコレートも
　なかったから、干し柿が、
　大事なおやつだったんだよ。
　むいた皮も干して、
　おやつがわりに食べたりして、
　大切にしたんだよ。」

たくさん作るときは、
なわだけでなく、
ひもも使います。
ひもでつないだ柿を
のきの下に干します。
1かいにも、2かいにも、
びっしりと干しました。

いったい全部で
いくつあるのでしょう。
数えきれませんね。
柿がかわいてくると、
少しずつ光を
通すようになります。
これがとても
きれいなのです。

いちめんが、柿の色。
太陽の光をあびて、かがやいています。

あまくなあれ！　おいしくなあれ！
雨にあたらないように、気をつけながら
1か月半から2か月のあいだ、柿を干します。
すると、柿は、太陽のちから、風のちから、
いろいろなしぜんのちからをうけて、
だんだんと小さくなっていきます。
こうして小さくなるにつれて
しぶみがぬけて、あまくなっていきます。

でも、ただ干している
だけではありませんよ。
ときどき、指でもんで
やわらかくして、
しぶみをぬけやすくします。
ときには、人のちからも
ひつようなのです。

大きくて、つるつるだった柿が、
小さくて、しわしわになりました。
さいごに、ひもをはずして、
たいらにして干します。
これは、もっとしっかりかわかすためと、
きれいな形にするためです。
柿をわらの上においているのが、わかりますか？
わらの上は、風通しがよいし、柿の表面に
あまい白いこながたくさんできるのです。
そして、たいらに干してから１０日くらいで
ようやく干し柿のできあがり！
このときの重さは、干す前の柿の
５分の１くらいになっています。

今では、干し柿を作る人がへってしまいました。
でも、子どものころをなつかしんで、
干し柿をほしがる人が、たくさんいますし、
若い人のなかにも、さいきん干し柿を知って
作りはじめた人もいます。
干し柿のよさが見直されているのです。

さあ、みなさんも干し柿を作ってみたくなりませんか？
そのためには、まず、しぶ柿を用意しましょう。
しぶ柿の木が家にあったら、
こうして長いぼうなどを使って実をとります。
あとでひもをむすぶためのえだを、
実に少しのこしておくのをわすれずに。
もし、しぶ柿の木がなかったら、
やおやさんやくだものやさんに、たのんでみましょう。
柿にはいろいろなしゅるいがありますが、
しぶ柿なら、みんな同じように干し柿になりますよ。

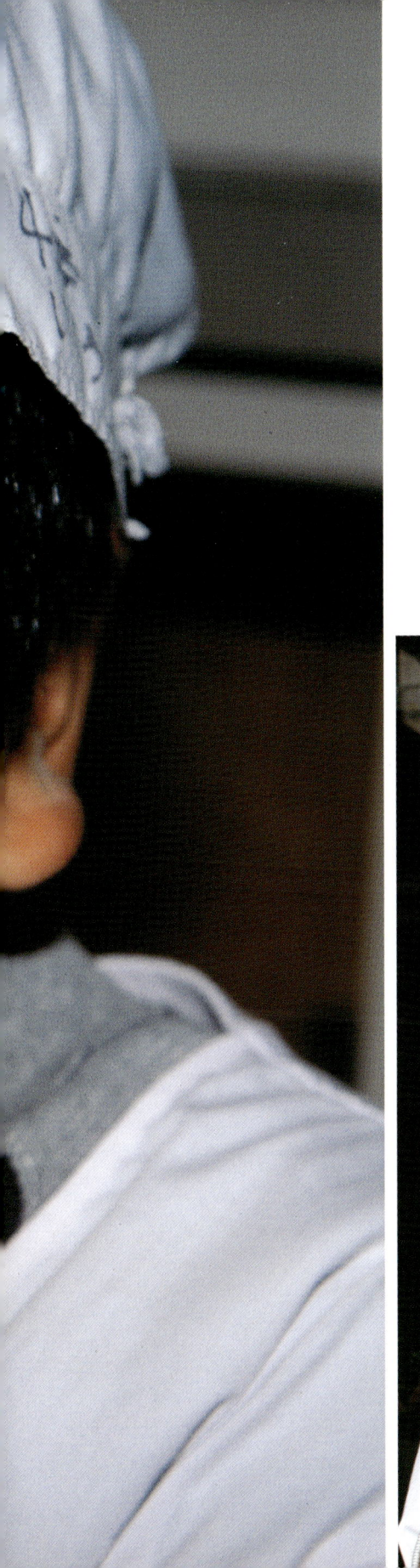

「しぶいって、どんな感じかな？」
ためしに、ほんの少し
食べてみたら……
「うわぁ！　へんな味！
口の中がザラザラしているよ！」

今度は皮むきです。
「あれ、しぶで手ぶくろが黒くなってきたよ。」
皮をむいた柿は、
つるつるしてすべりやすいので
落とさないよう、しっかり持って！
ゆっくりやれば、かんたん、かんたん。

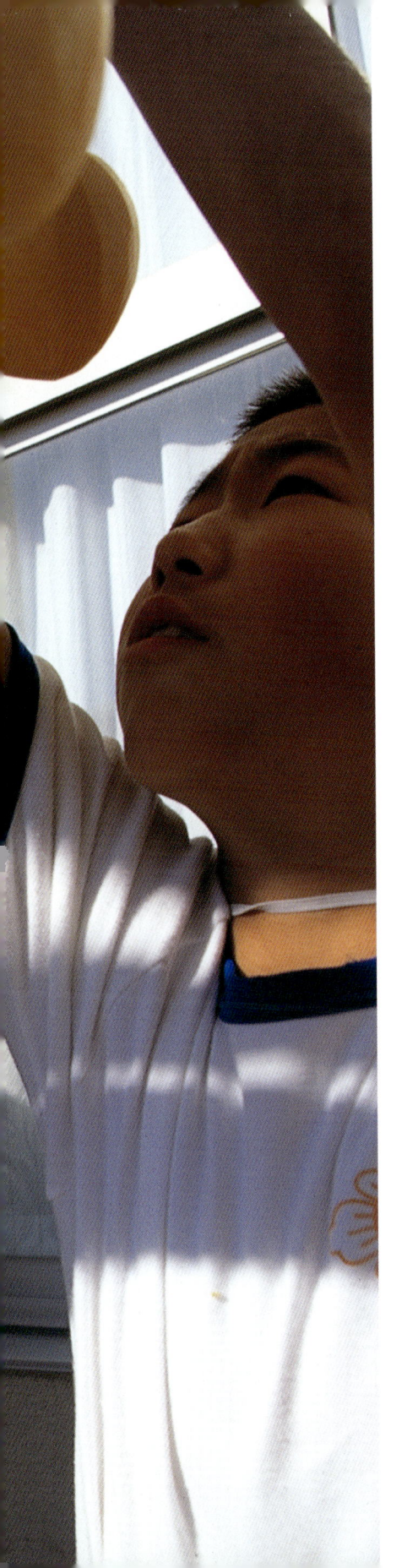

柿を干したら、
柿と柿がくっつかないように
ときどきずらして、いちを
変えなければいけません。
いちばん心配なのは
雨やカビで、柿が
くさってしまうことです。
雨の日は、柿がぬれないように
やねの下に動かしたり
シートをかけたりします。
おいしい干し柿を
作るのはたいへんだけど、
できあがりが
とっても楽しみなので
いっしょうけんめい
せわをします。

さあ、干し柿を食べてみましょう。
「わあ、あまくなっているよ！
　あんなにしぶかったのがうそみたい。」
このことを見つけた昔の人は、
とってもえらいね！

それに、干し柿にすれば、柿が長持ちするので、
秋にとれた柿を、冬のあいだじゅう
食べることができます。
大切な食べ物をくさらせないですむのです。
これも、昔の人のちえですね。

秋のおわり、えだの先には
柿が、たったひとつだけのこされています。
これは、人からしぜんへ、かんしゃのしるしや、
またつぎの年も、柿がたくさん実るようにという
おまじないだといわれています。
人としぜんは、昔から
こうしてつながってきたのですね。

あとがき

　日本には四季があり、人々は季節ごとに自然からの恵みをたくさんもらって暮らしてきました。でも、今の日本では、環境の悪化や暮らしの変化などによって、大切なものを失いかけています。たとえば、干し柿作りなどの伝統文化です。

　たかが柿かもしれないけれど、少し前までは大切なおやつでした。私も、子どもの頃に正月飾りにつかわれた干し柿を食べるのを、楽しみにしていたことを、今でもよく覚えています。

　最近は、柿が収穫されずに木に残っていることも多く、問題もおきています。熟した実が落ちて生ゴミになってしまったり、野生のサルなどが柿を求めて山からやってきて、畑の作物まで食べ荒らしてしまったりしているのです。そんな問題の対策のためにも、柿を収穫して食べることが必要です。

　柿の木がある風景はとても美しく、失いたくないものです。あなたも、ぜひ実際にみてみてください。そして、干し柿を作ってみてください。きっと、昔からの良き日本の味があじわえると思います。

　今こそ、何が大切なもので、何が美しいものなのかを、皆で考えることが必要なときです。

西村　豊

干し柿をつかった正月飾り

西村　豊（にしむら　ゆたか）
1949年京都府生まれ。現在は長野県諏訪郡富士見町に移り住み、自然写真家として活躍している。主な著書に、『ヤマネのくらし』（あかね書房）『ヤマネ日記』（講談社）『冬のおくりもの』『森の足音』（ともに光村推古書院）などがある。
（社）JPS・日本写真家協会会員

取材協力（順不同　敬称略）
岩波農園　越中隆雄　五味きん　鶴田敏子　長野県原村立原小学校　山梨県甲州市立松里小学校

あかね・新えほんシリーズ㉚　干し柿　　ISBN978-4-251-00950-0　NDC913／32ページ／26cm

発　行 ● 2006年10月初版　2021年10月第10刷
作　者 ● 西村　豊
発行者 ● 岡本光晴
発行所 ● 株式会社あかね書房　〒101-0065　東京都千代田区西神田3-2-1　電話（03）3263-0641(代)
印刷所 ● 株式会社精興社　　製本所 ● 株式会社難波製本

© Y. Nishimura 2006 Printed in Japan　落丁・乱丁本は、お取りかえいたします。